APOYO GREIF PARA NIÑOS

AMIGOS PARA SIEMPRE: UNA HISTORIA DE AMOR Y PÉRDIDA

MARCY SCHAAF

FOREVER FRIENDS: A TALE OF LOVE AND LOSS

MARCY SCHAAF

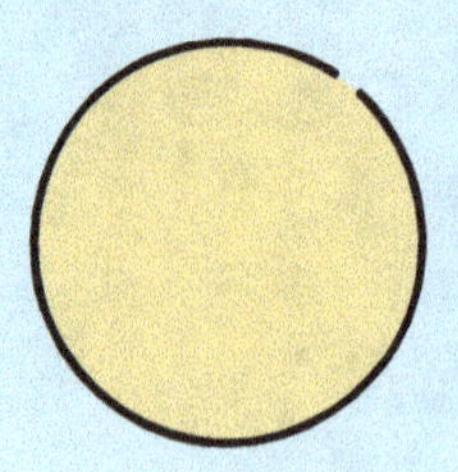

IN A WHIMSICAL WORLD WHERE LOVE KNOWS NO BOUNDS, AND LAUGHTER DANCES ON THE BREEZE, WE FIND A TOWN NESTLED BY A GENTLE STREAM, WHERE FURRY FRIENDS BECOME FAMILY AND EVERY DAY FEELS LIKE A DREAM. IN THIS ENCHANTING PLACE, OUR STORY UNFOLDS, WHERE A PUP NAMED BENNY AND HIS BEST FRIEND TIM WILL TEACH US LESSONS THAT ARE GOLDEN. WITH RHYMES AND COLORS, AND A TOUCH OF DR. SEUSS, JOIN US NOW IN A HEARTWARMING TALE, "FOREVER FRIENDS: A TALE OF LOVE AND LOSS," WHERE LOVE AND FRIENDSHIP WILL SET YOUR HEARTS AFLOAT, AND WHERE EVEN WHEN GOODBYES ARE SAID, THE BOND OF LOVE WILL NEVER FADE, WE'LL ALWAYS HOLD IT CLOSE.

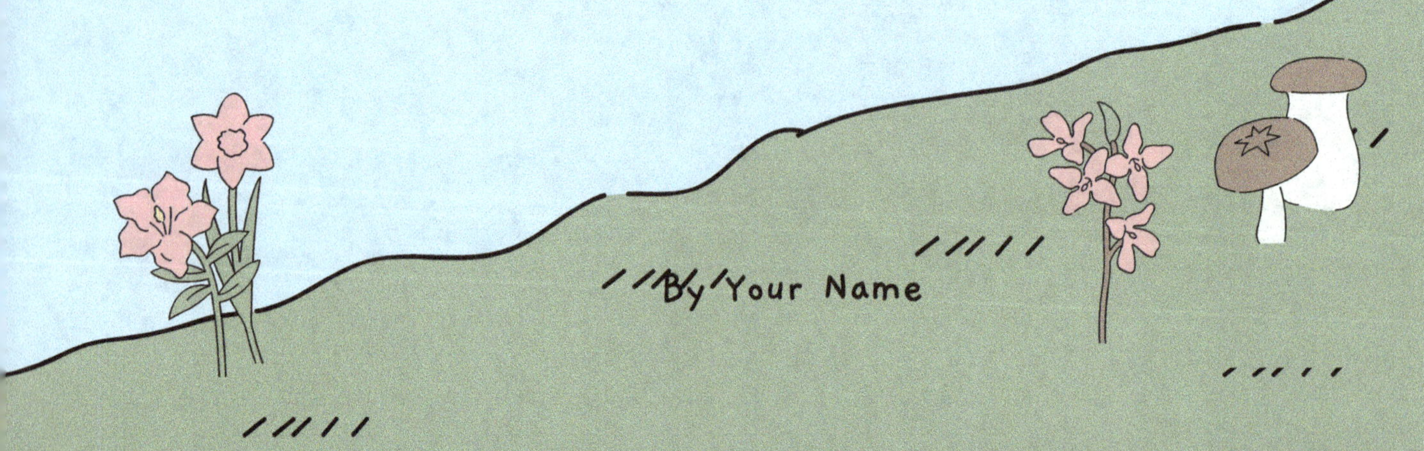

EN UN MUNDO CAPRICHOSO DONDE EL AMOR NO CONOCE LíMITES Y LA RISA BAILA CON LA BRISA, ENCONTRAMOS UN PUEBLO UBICADO JUNTO A UN SUAVE ARROYO, DONDE LOS AMIGOS PELUDOS SE CONVIERTEN EN FAMILIA Y CADA DíA SE SIENTE COMO UN SUEÑO. EN ESTE LUGAR ENCANTADOR SE DESARROLLA NUESTRA HISTORIA, DONDE UN CACHORRO LLAMADO BENNY Y SU MEJOR AMIGO TIM NOS ENSEÑARÁN LECCIONES DE ORO. CON RIMAS Y COLORES, Y UN TOQUE DEL DR. SEUSS, úNETE A NOSOTROS AHORA EN UN CUENTO CONMOVEDOR, "FOREVER FRIENDS: A TALE OF LOVE AND LOSS", DONDE EL AMOR Y LA AMISTAD HARÁN QUE TUS CORAZONES FLOTEN, Y DONDE INCLUSO CUANDO SE DIGAN ADIóS , EL VíNCULO DEL AMOR NUNCA SE DESVANECERÁ, SIEMPRE LO MANTENDREMOS CERCA.

FOREVER FRIENDS: A TALE OF LOVE AND LOSS

AMIGOS PARA SIEMPRE: UNA HISTORIA DE AMOR Y PÉRDIDA

IN A TOWN BY A STREAM,
WHERE THE GRASS WAS SO GREEN,
LIVED A PUP NAMED BENNY,
THE HAPPIEST SEEN.

EN UN PUEBLO JUNTO A UN ARROYO, DONDE LA HIERBA ERA TAN VERDE, VIVÍA UN CACHORRO LLAMADO BENNY, EL MÁS FELIZ QUE HABÍA VISTO.

HIS FUR WAS ALL FLUFFY,
HIS TAIL, A PROUD CURL,
WITH EYES FULL OF MISCHIEF
AND ONE FLOPPY EAR TWIRL.

SU PELAJE ERA TODO ESPONJOSO, SU COLA, UN RIZO ORGULLOSO, CON OJOS LLENOS DE PICARDÍA Y UNA OREJA CAÍDA GIRANDO.

BENNY'S OWNER, YOUNG TIM.
WAS HIS VERY BEST FRIEN
TOGETHER THEY PLAYED
A BOND THAT WON'T END.

By Your Name

EL DUEÑO DE BENNY, EL JOVEN TIM. ERA
SU MEJOR AMIGO. JUNTOS JUGA
VÍNCULO QUE NO TERMINA

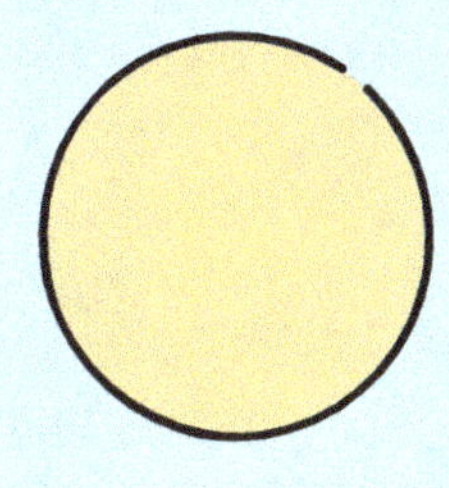

Por tu nombre

THEY'D CHASE AFTER FRISBEES
AND CLIMB UP A HILL,
AND NO MATTER WHAT HAPPENED,
THEY'D NEVER SIT STILL.

PERSEGUÍAN FRISBEES Y SUBÍAN UNA COLINA. Y SIN IMPORTAR LO QUE PASARA, NUNCA SE QUEDABAN QUIETOS.

BUT AS SEASONS PASSED BY,
BENNY STARTED TO SLOW,
HIS ENERGY WANED,
AND HIS ONCE-SHINY GLOW.

PERO A MEDIDA QUE PASABAN LAS ESTACIONES, BENNY COMENZÓ A DISMINUIR, SU ENERGÍA DISMINUYÓ Y SU BRILLO UNA VEZ BRILLANTE.

THE VET HAD SOME NEWS
THAT WAS HEAVY TO BEAR,
BENNY'S TIME WAS NEAR,
AND IT FILLED THE AIR.

EL VETERINARIO TENÍA UNA NOTICIA
QUE ERA DIFÍCIL DE SOPORTAR, EL
MOMENTO DE BENNY ESTABA CERCA Y
LLENÓ EL AIRE.

WITH A TEAR IN HIS EYE,
TIM HUGGED BENNY TIGHT,
"I'LL LOVE YOU FOREVER,
DAY AND NIGHT."

BENNY'S TAIL WAGGED,
AND HE GAVE A SOFT BARK,
"REMEMBER OUR MOMENTS,
EVEN WHEN IT'S DARK."

CON UNA LáGRIMA EN LOS OJOS, TIM ABRAZó FUERTE A BENNY, "TE AMARé POR SIEMPRE, DíA Y NOCHE".

LA COLA DE BENNY SE MENEó Y SOLTó UN SUAVE LADRIDO: "RECUERDA NUESTROS MOMENTOS, INCLUSO CUANDO ESTé OSCURO".

AS BENNY LAY PEACEFULLY
UNDER THE SKY,
TIM WHISPERED, "GOODBYE,"
WITH A HEARTFELT SIGH.

MIENTRAS BENNY YACÍA PACÍFICAMENTE
BAJO EL CIELO, TIM SUSURRÓ: "ADIÓS",
CON UN SINCERO SUSPIRO.

THE DAYS BECAME QUIET,
NO MORE JOYFUL PLAY,
BUT MEMORIES OF BENNY
WOULD NEVER FADE AWAY.

LOS DÍAS SE VOLVIERON TRANQUILOS,
NO HABÍA MÁS JUEGOS ALEGRES,
PERO LOS RECUERDOS DE BENNY NUNCA
SE DESVANECERÍAN.

TIM THOUGHT OF THEIR LAUGHTER,
THEIR LOVE, AND THEIR FUN,
THE ADVENTURES THEY'D HAD
UNDER THE WARM SUN..

TIM PENSÓ EN SUS RISAS, SU AMOR Y SU DIVERSIÓN, LAS AVENTURAS QUE HABÍAN TENIDO BAJO EL CÁLIDO SOL...

HE KNEW IT WAS TIME
TO FIND A NEW FRIEND,
A PET WHO'D BRING JOY,
TO THE VERY END.

SABÍA QUE ERA HORA DE ENCONTRAR UN NUEVO AMIGO, UNA MASCOTA QUE LE BRINDARA ALEGRÍA HASTA EL FINAL.

AT THE SHELTER,
HE MET A CAT NAMED LOU,
WITH BRIGHT, SPARKLY EYES,
AND A SOFT, GENTLE MEW.

EN EL REFUGIO, CONOCIÓ A UN GATO LLAMADO
LOU, CON OJOS BRILLANTES Y UN
MAULLIDO SUAVE Y GENTIL.

THEY TOOK TO EACH OTHER,
LIKE A HAND IN A GLOVE,
A FRIENDSHIP SO PERFECT,
SENT FROM ABOVE.

SE TOMARON EL UNO AL OTRO, COMO UNA MANO EN UN GUANTE, UNA AMISTAD TAN PERFECTA, ENVIADA DESDE ARRIBA.

LOU AND TIM PLAYED,
SIDE BY SIDE, EVERY DAY,

THEIR LAUGHTER AND LOVE CHASED
THE GLOOMY CLOUDS AWAY.

LOU Y TIM JUGABAN, UNO AL LADO
DEL OTRO, TODOS LOS DÍAS,

SU RISA Y AMOR AHUYENTARON LAS
NUBES SOMBRÍAS.

THOUGH BENNY WAS GONE,
HIS SPIRIT LIVED ON,
IN THE LOVE THAT THEY SHARED,
A BOND NEVER GONE.

AUNQUE BENNY SE HABÍA IDO, SU ESPÍRITU
SIGUIÓ VIVO. EN EL AMOR QUE COMPARTÍAN,
EL VÍNCULO NUNCA DESAPARECIÓ.

AND THE TOWN BY THE STREAM,
WHERE THE GRASS WAS SO GREEN,
WAS FILLED WITH LOVE,
AS BRIGHT AS CAN BE SEEN.
24/7

Y EL PUEBLO JUNTO AL ARROYO, DONDE LA HIERBA ERA TAN VERDE, SE LLENÓ DE AMOR, TAN BRILLANTE COMO SE PUEDE VER.

THE LESSON THEY LEARNED,
IN THAT SMALL, LITTLE TOWN,
IS THAT LOVE NEVER LEAVES:
IT STICKS AROUND.

LA LECCIÓN QUE APRENDIERON, EN ESE PEQUEÑO, PEQUEÑO PUEBLO, ES QUE EL AMOR NUNCA SE VA:
SE QUEDA.
24/7

THE LOSS OF A PET
IS A HARD THING TO BEAR,
BUT THE MEMORIES AND LOVE
ARE ALWAYS THERE.

LA PÉRDIDA DE UNA MASCOTA ES ALGO DIFÍCIL DE SOPORTAR, PERO LOS RECUERDOS Y EL AMOR SIEMPRE ESTÁN AHÍ.

NO MATTER THE SORROW,
THE TEARS, OR THE PAIN,
LOVE'S EVERLASTING,
LIKE A GENTLE, SOFT RAIN.

NO IMPORTA LA PENA, LAS LÁGRIMAS O EL DOLOR, EL AMOR ES ETERNO, COMO UNA LLUVIA SUAVE Y GENTIL.

WITH JOY IN YOUR HEART,
AND A SMILE ON YOUR FACE,
CHERISH THE LOVE IN
EVERY PET'S EMBRACE.

CON ALEGRÍA EN TU CORAZÓN Y UNA SONRISA EN TU ROSTRO, APRECIA EL AMOR EN EL ABRAZO DE CADA MASCOTA.

AND KNOW WHEN YOU LOSE,
A FURRY BEST FRIEND,
THE LOVE THAT YOU SHARED
WILL NEVER TRULY END.

Y SABER CUANDO PIERDES, UN MEJOR AMIGO PELUDO, EL AMOR QUE COMPARTISTE NUNCA TERMINARÁ REALMENTE.

FOR IN THE STORY OF LIFE,
WITH ITS HIGHS AND ITS LOWS,
LOVE'S A RIVER THAT FOREVER
ONWARD FLOWS.

PORQUE EN LA HISTORIA DE LA VIDA, CON SUS ALTIBAJOS, EL AMOR ES UN RÍO QUE FLUYE PARA SIEMPRE.

SO LET'S CELEBRATE LIFE,
AND THE LOVE THAT WE SHARE,
WITH THOSE FURRY FRIENDS,
WHO SHOW US THEY CARE.

ENTONCES, CELEBREMOS LA VIDA Y EL AMOR QUE COMPARTIMOS, CON ESOS AMIGOS PELUDOS QUE NOS DEMUESTRAN QUE LES IMPORTA.

AND NOW, IN OUR TOWN
BY THE STREAM SO SERENE,
LOVE SHINES EVEN BRIGHTER,
IT'S ALWAYS BEEN SEEN.

Y AHORA, EN NUESTRO PUEBLO JUNTO AL ARROYO TAN SERENO, EL AMOR BRILLA AÚN MÁS, SIEMPRE SE HA VISTO.

SO HUG YOUR PET CLOSE,
GIVE THEM A BIG KISS,
FOR LOVE AND CONNECTION,
THERE'S NOTHING AMISS.

ASÍ QUE ABRAZA A TU MASCOTA CON FUERZA, DALE UN GRAN BESO. POR AMOR Y CONEXIÓN, NO HAY NADA DE MALO.

WITH LOVE IN OUR HEARTS,
WE'LL NEVER FORGET,
THE PETS WE HAVE LOVED AND
THE JOY THAT THEY'VE MET.

CON AMOR EN NUESTROS CORAZONES,
NUNCA OLVIDAREMOS LAS MASCOTAS
QUE AMAMOS Y LA ALEGRÍA QUE
CONOCIMOS.

IN THIS TALE OF LOVE,
IN THIS STORY'S FINESSE,
WE CHERISH OUR PETS,
FOREVER, NO LESS.

EN ESTA HISTORIA DE AMOR, EN LA DELICADEZA DE ESTA HISTORIA, APRECIAMOS A NUESTRAS MASCOTAS, NADA MENOS QUE PARA SIEMPRE.

SWEET DREAMS, GOOD NIGHT!

¡DULCES SUEÑOS, BUENAS NOCHES!

NAME THE PETS
FOREVER IN YOUR HEART:

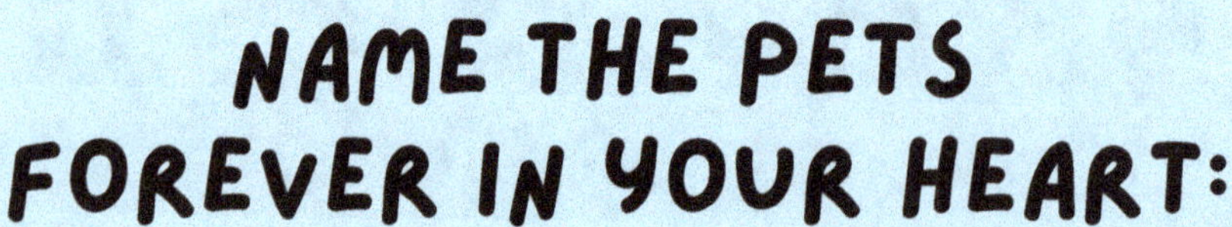

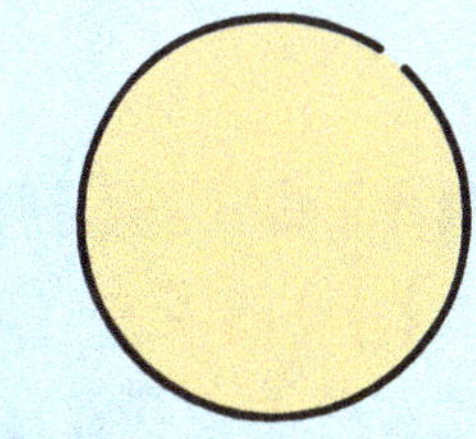

NOMBRA LAS MASCOTAS PARA SIEMPRE EN TU CORAZÓN:

AUTHOR BIO:
MARCY SCHAAF IS A DEDICATED AND COMPASSIONATE WRITER WHO HAS MADE IT HER MISSION TO HELP CHILDREN NAVIGATE THE COMPLEX AND EMOTIONAL JOURNEY OF COPING WITH THE LOSS OF A BELOVED PET. WITH A BACKGROUND IN CHILD PSYCHOLOGY AND A DEEP LOVE FOR STORYTELLING, MARCY BRINGS HER UNIQUE COMBINATION OF EXPERTISE AND CREATIVITY TO HER WORK.

HAVING WITNESSED THE PROFOUND IMPACT THAT THE LOSS OF A PET CAN HAVE ON CHILDREN, MARCY BELIEVES IN THE POWER OF STORYTELLING AS A WAY TO PROVIDE SOLACE, UNDERSTANDING, AND HEALING DURING DIFFICULT TIMES. THROUGH HER HEARTWARMING CHILDREN'S BOOKS, SHE STRIVES TO CREATE SAFE SPACES FOR CHILDREN TO PROCESS THEIR FEELINGS, LEARN ABOUT LOVE, LOSS, AND RESILIENCE, AND ULTIMATELY FIND COMFORT IN THE STORIES SHE WEAVES.

MARCY SCHAAF'S WRITING IS A TESTAMENT TO HER COMMITMENT TO MAKING A POSITIVE DIFFERENCE IN THE LIVES OF YOUNG READERS. HER BOOKS NOT ONLY ENTERTAIN BUT ALSO PROVIDE VALUABLE LIFE LESSONS AND A SENSE OF HOPE, ENSURING THAT CHILDREN CAN EMBARK ON THEIR OWN JOURNEYS OF HEALING AND GROWTH, EVEN IN THE FACE OF LOSS. WITH EACH STORY, MARCY HOPES TO INSPIRE EMPATHY, COURAGE, AND THE STRENGTH TO CHERISH THE MEMORIES OF THEIR FOREVER FRIENDS.

BIOGRAFÍA DEL AUTOR:
MARCY SCHAAF ES UNA ESCRITORA DEDICADA Y COMPASIVA CUYA MISIÓN ES AYUDAR A LOS NIÑOS A RECORRER EL COMPLEJO Y EMOCIONAL VIAJE DE AFRONTAR LA PÉRDIDA DE UNA QUERIDA MASCOTA. CON EXPERIENCIA EN PSICOLOGÍA INFANTIL Y UN PROFUNDO AMOR POR LA NARRACIÓN, MARCY APORTA SU COMBINACIÓN ÚNICA DE EXPERIENCIA Y CREATIVIDAD A SU TRABAJO.

HABIENDO SIDO TESTIGO DEL PROFUNDO IMPACTO QUE LA PÉRDIDA DE UNA MASCOTA PUEDE TENER EN LOS NIÑOS, MARCY CREE EN EL PODER DE CONTAR HISTORIAS COMO UNA FORMA DE BRINDAR CONSUELO, COMPRENSIÓN Y CURACIÓN EN TIEMPOS DIFÍCILES. A TRAVÉS DE SUS CONMOVEDORES LIBROS INFANTILES, SE ESFUERZA POR CREAR ESPACIOS SEGUROS PARA QUE LOS NIÑOS PROCESEN SUS SENTIMIENTOS, APRENDAN SOBRE EL AMOR, LA PÉRDIDA Y LA RESILIENCIA Y, EN ÚLTIMA INSTANCIA, ENCUENTREN CONSUELO EN LAS HISTORIAS QUE ELLA TEJE.

LOS ESCRITOS DE MARCY SCHAAF SON UN TESTIMONIO DE SU COMPROMISO DE MARCAR UNA DIFERENCIA POSITIVA EN LAS VIDAS DE LOS LECTORES JÓVENES. SUS LIBROS NO SÓLO ENTRETIENEN SINO QUE TAMBIÉN BRINDAN VALIOSAS LECCIONES DE VIDA Y UN SENTIDO DE ESPERANZA, ASEGURANDO QUE LOS NIÑOS PUEDAN EMBARCARSE EN SUS PROPIOS VIAJES DE CURACIÓN Y CRECIMIENTO, INCLUSO FRENTE A LA PÉRDIDA. CON CADA HISTORIA, MARCY ESPERA INSPIRAR EMPATÍA, CORAJE Y LA FUERZA PARA ATESORAR LOS RECUERDOS DE SUS AMIGOS PARA SIEMPRE.